Foreign Copyright:
Joonwon Lee Mobile: 82-10-4624-6629

Address: 3F, 127, Yanghwa-ro, Mapo-gu, Seoul, Republic of Korea 3rd Floor
Telephone: 82-2-3142-4151
E-mail: jwlee@cyber.co.kr

옥효진 선생님의 매일매일 문해력 왕 ⑤

2024. 6. 17. 초 판 1쇄 인쇄
2024. 6. 26. 초 판 1쇄 발행

지은이 | 옥효진
그 림 | 신경영
펴낸이 | 최한숙
펴낸곳 | BM 성안북스
주 소 | 04032 서울시 마포구 양화로 127 첨단빌딩 3층(출판기획 R&D 센터)
　　　 10881 경기도 파주시 문발로 112 파주 출판 문화도시 (제작 및 물류)
전 화 | 02) 3142- 0036
　　　 031) 950- 6300
팩 스 | 031) 955- 0510
등 록 | 1973. 2. 1. 제406-2005-000046호
출판사 홈페이지 | www.cyber.co.kr
이메일 문의 | smkim@cyber.co.kr
ISBN | 978-89-7067-448-3 (64710) / 978-89-7067-443-8 (set)
정 가 | 12,800원

이 책을 만든 사람들

총괄 · 진행 | 김상민
기획 | 북케어
본문 · 표지 디자인 | 정유정
홍보 | 김계향, 임진성, 김주승
국제부 | 이선민, 조혜란
마케팅 | 구본철, 차정욱, 오영일, 나진호, 강호묵
마케팅 지원 | 장상범
제작 | 김유석

■ **도서 A/S 안내**

성안당에서 발행하는 모든 도서는 저자와 출판사, 그리고 독자가 함께 만들어 나갑니다.
좋은 책을 펴내기 위해 많은 노력을 기울이고 있습니다. 혹시라도 내용상의 오류나 오탈자 등이 발견되면 **"좋은 책은 나라의 보배"**로서 우리 모두가 함께 만들어 간다는 마음으로 연락주시기 바랍니다. 수정 보완하여 더 나은 책이 되도록 최선을 다하겠습니다.
성안당은 늘 독자 여러분들의 소중한 의견을 기다리고 있습니다. 좋은 의견을 보내주시는 분께는 성안당 쇼핑몰의 포인트(3,000포인트)를 적립해 드립니다.

잘못 만들어진 책이나 부록 등이 파손된 경우에는 교환해 드립니다.

평생 문해력을 만드는 하루 네 장 공부 습관!

옥효진 선생님의 매일 매일 문해력왕 ⑤

1교시 : 도시와 농촌

2교시 : 학교와 교실

3교시 : 한글과 말

4교시 : 단위

BM 성안북스

우리는 하루 동안 수없이 많은 말을 들어요. 엄마, 아빠가 나에게 해 주시는 말들, 학교에서 쉬는 시간 동안 친구들과 나누는 말, 선생님이 수업 시간에 해 주시는 설명들, 만화나 영화 같은 영상 속 등장인물들이 하는 말들을 듣죠. 또, 수없이 많은 글을 읽고 있어요. 재미있는 이야기책 속의 글들, 교과서에 적혀 있는 글들, 길을 걸어가며 보이는 안내문과 간판들. 우리는 말과 글에 둘러싸여 살아가고 있다고 할 수 있는 거죠. 그런데 여러분은 여러분이 보고 듣는 것들을 얼마나 이해하고 있나요? 말을 듣는다고 모든 말을 이해하는 것은 아니에요. 글을 읽는다고 모든 글을 이해하는 것도 아니죠.

우리가 듣는 말과 읽는 글을 이해하기 위해서는 문해력이 필요해요. 문해력이란 내가 읽는 글, 내가 쓰는 글, 내가 듣는 말, 내가 하는 말의 뜻을 이해하고 내 것으로 만드는 능력이에요. 여러분이 읽게 될 교과서 속 글들도, 수업 시간에 선생님이 하는 말씀도, 갖고 싶었던 장난감의 설명서를 읽고 장난감을 사용하는 것도

이 문해력 없이는 어려운 일이에요. 문해력이 있어야 여러분이 보고 듣는 것을 이해할 수 있죠. 다시 말하자면 문해력이 점점 자랄수록 여러분이 경험하고 이해할 수 있는 세상이 점점 넓어지는 것이랍니다.

그래서 문해력을 어릴 적부터 기르는 게 중요해요. 하지만 문해력은 글자를 읽고 쓸 줄 안다고 저절로 생기는 것은 아니에요. 많은 글을 읽으면서 글이 어떻게 쓰여 있는지, 이 글에 담겨 있는 뜻은 무엇인지를 이해하는 연습을 해야 해요. 유명한 운동선수가 매일매일 꾸준히 연습하고, 훈련을 하는 것처럼 말이에요. 오늘부터 선생님과 함께 매일매일 문해력을 기르는 연습을 해 보는 건 어떨까요? 여러분도 모르는 사이에 여러분이 문해력 왕이 되어 있을지도 몰라요. 그만큼 세상을 보는 여러분의 눈도 쑥쑥 자라 있겠죠.

이 책을 통해 여러분들의 문해력이 쑥쑥 자라나기를 바라요. 그리고 쑥쑥 자라난 문해력으로 이제 막 세상에 발걸음을 떼기 시작하는 여러분이 볼 수 있는 세상이 넓어지기를 바랍니다.

옥효진 선생님

초등 교과 전체에서 핵심 주제를 뽑아 어휘, 문법, 독해, 한자까지 익힐 수 있도록 일주일 프로그램으로 구성했습니다.

주제와 관련된 기본 어휘의 이해를 돕는 그림과 함께 익힐 수 있습니다.

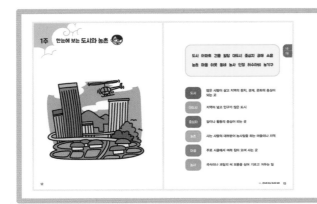

주제와 관련된 기본 어휘인 명사, 동사, 형용사를 배웁니다.

주제와 관련된 의성어, 의태어를 배웁니다.

낱말 확장은 물론 속담, 관용어까지 배웁니다.

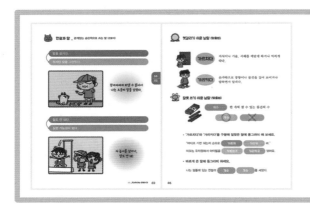

주제와 관련된 속담과 관용어를 익힙니다.

헷갈리기 쉬운 말, 잘못 쓰기 쉬운 말, 유의어, 반의어, 다의어, 동형어, 고유어, 외래어 등의 확장 낱말을 익힙니다.

7급, 8급 수준의 한자에서 추출한 문해력 핵심 한자를 배웁니다.

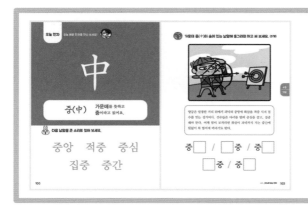

한 주에 1개의 핵심 한자와 연관된 한자어 5개를 학습합니다.

그림과 예시글을 통해 한자 사용의 이해를 높였습니다.

직접 써 보는 공간도 마련했습니다.

짧은 문장으로 시작해서 긴 문단 독해까지 독해력이 성장할 수 있도록 구성했습니다.

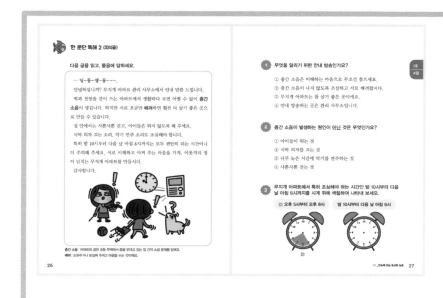

어순, 접속 부사, 종결형 문장, 시제, 높임말, 예사말, 피동, 사동, 부정 등을 익힐 수 있도록 했습니다.

주제와 관련된 확장 어휘를 사용하여 한 문장~세 문장 독해까지 완성된 문장을 만들 수 있도록 했습니다.

우화나 동화(문학), 생활에서 사용되는 지식글(비문학) 등 초등 교과에 담긴 12갈래 형식의 글을 통해 문제를 풀고 익힙니다.

※ 수학 개념을 적용한 문제까지 마련했습니다.

확인 학습을 통해 일주일간 학습한 내용을 복습합니다.

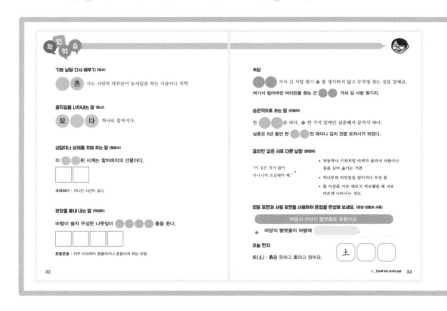

한 주간 배운 내용 중 핵심이 되는 내용을 추렸습니다.

일주일 안에 복습하는 공간을 만들어 학습한 내용을 장기 기억으로 저장할 수 있도록 했습니다.

목차

1주

한눈에 보는
도시와 농촌

한눈에 보는 도시와 농촌

도시 아파트 건물 빌딩 대도시 중심지 공해 소음

농촌 마을 이웃 동네 농사 인정 허수아비 농기구

도시
많은 사람이 살고 지역의 정치, 경제, 문화의 중심이
되는 곳

대도시
지역이 넓고 인구가 많은 도시

중심지
일이나 활동의 중심이 되는 곳

농촌
사는 사람의 대부분이 농사일을 하는 마을이나 지역

마을
주로 시골에서 여러 집이 모여 사는 곳

농사
곡식이나 과일의 씨 모종을 심어 기르고 거두는 일

도시와 농촌을 나타내는 말을 알아봅시다. (동사)

모이다	흩어지다	넓히다	좁히다	헤매다
들어서다	비키다	사라지다	생겨나다	몰라보다

모이다 하나로 합쳐지다.

흩어지다 모였던 것이 따로따로 떨어지거나 퍼지다.

헤매다 어디를 갈지 몰라 돌아다니다.

들어서다 어떤 곳에 자리 잡고 서다.

비키다 피해서 자리를 조금 옮기다.

사라지다 남긴 표시나 자리가 없어지다.

 대도시와 농촌은 각각 어떤 일을 하는지 따라 써 보세요.

들어서다

헤메다

생겨나다

사라지다

모이다

몰라보다

도시와 농촌의 성질이나 상태를 꾸며 주는 말을 알아봅시다. (형용사)

오래되다   지나간 시간이 길다.

복잡하다   뒤섞여 정신없이 움직이며 가지런하지 않다.

냉정하다   행동이 정답지 않고 차갑다.

넉넉하다   크기, 수, 양이 남을 정도로 충분하다.

풍부하다   넉넉하고 많다.

끊임없다   계속하거나 이어져 있던 것이 쭉 끊이지 않다.

 어떤 말이 들어가야 할까요?

끊임없   **오래**   **넉넉**   **복잡**

- 서울은 길이 정말   하다.

- 이   된 시계는 할아버지의 선물이다.

- 아침부터   이 비가 내리고 있다.

- 엄마는 음식을   하게 하셨다.

한 문장 독해 _ 한 문장으로 된 글을 읽고, 물음에 답하세요.

길이 너무 복잡해서 약속 시간에 늦을 뻔했어요.

1. 약속 시간에 늦을 뻔한 이유가 무엇인지 쓰세요.

. . . .

서울은 우리나라에서 제일 큰 대도시이다.

2. 우리나라에서 제일 큰 대도시는 어디인가요?

제주도 / 인천 / 부산 / 서울

삼촌은 매년 직접 농사지으신 쌀을 보내 주신다.

3. 삼촌은 매년 무엇을 하나요?

쌀을 보내 주신다. / 쌀을 사 주신다. / 쌀을 팔아 주신다.

두 문장 독해 _ 두 문장으로 된 글을 읽고, 물음에 답하세요.

> 시골에서는 대부분 이웃끼리 가깝게 지낸다.
> 도시에서는 이웃에 누가 사는지 모르는 일도 있다고 한다.

1. 대부분 이웃끼리 가깝게 지내는 곳을 쓰세요.

....

> "아빠가 어릴 때는 이 개울을 건너려면 징검다리를 밟았는데, 이제 사라졌구나."
> "이제 더 편리한 다리가 생겼네요."

징검다리 : 개울에 돌을 놓아 만든 다리
다리 : 물을 건널 수 있도록 만든 시설물

2. 개울에 징검다리가 사라지고 생긴 것은 무엇인가요?

자동차 / 다리 / 배 / 자전거

> 우리 동네에 여기저기 큰 건물이 많이 생기고 있다.
> 모두 비슷하게 생겨서 건물의 이름을 모르면 헤매게 된다.

3. 건물의 이름을 모르면 어떻게 되나요?

헤매게 된다.
잘 찾을 수 있다.
다른 건물로 간다.

> 오늘은 시골 외할아버지 댁에 놀러 가는 날이다.
> 예전에는 좁은 흙길에 가게 하나 없는 곳이었다.
> 지금은 길을 넓혔고, 편의점과 마트도 들어서서 몰라보게 달라졌다.

1. 오늘 가는 곳은 어디인가요?

....

2. 예전에는 어떤 길이었나요?

....

3. 지금은 어떤 가게들이 들어서 있나요?

....

모양을 흉내 내는 말 (의태어)

• 시골길이 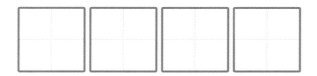 하니 시원하게 트여있다.

널찍널찍 : 여럿이 매우 넓게 있는 모양

• 들판에 허수아비가 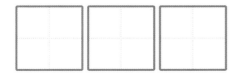 하게 서 있어요.

기우뚱 : 물체가 한쪽으로 약간 기울어지는 모양

• 할머니께서 김이 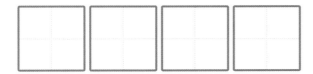 나는 찐빵을 주셨다.

모락모락 : 연기나 냄새가 계속 조금씩 피어오르는 모양

• 바람이 불자 무성한 나뭇잎이 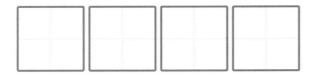 춤을 춘다.

흔들흔들 : 자꾸 이리저리 흔들리거나 흔들리게 하는 모양

서울 가서 김 서방 찾기

잘 생각하지 않고 무작정 찾는 것을 말해요.

여기서 잃어버린
머리핀을 찾는 건
서울 가서 김 서방 찾기지.

다 된 농사에 낫 들고 덤빈다.

일이 끝난 뒤에 쓸데없이 참견하는 것을 말해요.

낫 : 곡식, 나무, 풀을 베는 데 쓰는 농기구

저녁 메뉴는 이미 결정했는데
왜 다 된 농사에
낫 들고 덤비는 거야?

도시와 농촌 _ 관계있는 습관적으로 쓰는 말 (관용어)

한 우물을 파다.

한 가지 일에만 집중해서 끝까지 하다.

삼촌은 5년 동안
한 우물만 파더니
김치 전문 요리사가 되었다.

동네북 치듯 하다.

여러 명이 달려들어 마구 때리다.

도둑이 도망치자,
이웃들이 나와
동네북 치듯 붙잡았다.

글자만 같은 서로 다른 낱말 (동형어)

자동차나 기차처럼
바퀴가 굴러서
사람이나 짐을
실어 옮기는 기관

차나무의
어린잎을 달이거나
우린 물

둘 이상을
서로 대보고
비교했을 때
서로 다르게
나타나는 정도

• **어떤 '차'인지 번호를 써 보세요.**

나와 동생의 키는 이제 별 차가 없다.

"이 길은 차가 많이 다니니까 조심해야 해."

아빠와 거실에서 차를 마시며 이야기를 나눴다.

피동 표현과 사동 표현을 사용하여 문장을 완성해 보세요. (문법-피동과 사동)

피동은 다른 사람이나 사물에 의해서 움직이는 것을 말해요.
➜ **토끼가 사냥꾼에게** 잡혔어요.

사동은 직접 하는 것이 아니라, 다른 사람이나 사물에 어떤 동작을 하게 하는 것을 말해요.
➜ **엄마가 동생에게 양말을** 신겼어요.

흔들렸어요　　높였어요　　잡혔어요　　넓혔어요

할머니 댁의 고양이가 쥐를 잡았어요.

➜ 할머니 댁의 쥐가 고양이에게 　　　　　　　.

바람이 마당의 빨랫줄을 흔들어요.

➜ 마당의 빨랫줄이 바람에 　　　　　　.

할아버지 댁 돌담이 높아요.

➜ 아빠가 할아버지 댁 돌담을 　　　　　　.

시골길이 넓어요.

➜ 사람들이 시골길을 　　　　　　.

다음 글을 읽고, 물음에 답하세요.

'우와! 신기해! 내가 사는 시골은 온통 산과 밭인데, 도시에는 높은 건물들과 자동차로 가득하네. 캑캑. 그런데 자동차들 때문인지, 숨쉬기가 힘들어. 도시 쥐는 이런 곳에서 어떻게 사는 걸까?'

그때였어요.

커다란 트럭 한 대가 '빵빵' 큰 소리를 내며, 시골 쥐 앞을 휙 지나가는 게 아니겠어요?

"깜짝이야! 큰일 날 뻔했네."

놀라서 넘어진 시골 쥐를 도와주며 도시 쥐가 말했어요.

"괜찮아? 우리 도시에서는 흔한 일이야. 자동차가 좀 많아야 말이지."

시골 쥐는 점점 고향이 그리워졌어요.

1 시골 쥐는 무엇을 보고 신기하게 생각했나요?

① 높은 건물과 자동차로 가득한 도시

② 온통 산과 밭인 시골

③ 숨쉬기가 힘든 공기

④ 큰 소리를 내는 트럭

2 시골 쥐가 놀라서 넘어진 이유는 무엇인가요?

① 시골 쥐 눈앞에 자동차가 너무 많아서

② 높은 건물이 너무 많아서

③ 커다란 트럭이 큰 소리를 내며 앞을 지나가서

④ 숨쉬기가 매우 힘들어서

3 시골에서 쉽게 볼 수 있는 것과 도시에서 쉽게 볼 수 있는 것을 나눠 보세요.

산 높은 건물 밭 논 자동차
트럭 오염된 공기 맑은 공기

시골

도시

다음 글을 읽고, 물음에 답하세요.

— 딩-동-댕-동---.

안녕하십니까? 무지개 아파트 관리 사무소에서 안내 말씀 드립니다.

벽과 천장을 같이 쓰는 아파트에서 생활하다 보면 어쩔 수 없이 **층간 소음**이 생깁니다. 하지만 서로 조금만 **배려**하면 훨씬 더 살기 좋은 곳으로 만들 수 있습니다.

집 안에서는 사뿐사뿐 걷고, 아이들은 뛰지 않도록 해 주세요.

식탁 의자 끄는 소리, 악기 연주 소리도 조심해야 합니다.

특히 밤 10시부터 다음 날 아침 6시까지는 모두 편안히 쉬는 시간이니 더 주의해 주세요. 서로 이해하고 아껴 주는 마음을 가져, 이웃끼리 정이 넘치는 무지개 아파트를 만듭시다.

감사합니다.

층간 소음 : 아파트와 같은 공동 주택에서 층을 맞대고 있는 집 간의 소음 문제를 말해요.

배려 : 도와주거나 보살펴 주려고 마음을 쓰는 것이에요.

1 무엇을 알리기 위한 안내 방송인가요?

① 층간 소음은 이해하는 마음으로 무조건 참으세요.

② 층간 소음이 나지 않도록 조심하고 서로 배려합시다.

③ 무지개 아파트는 참 살기 좋은 곳이에요.

④ 안내 방송하는 곳은 관리 사무소입니다.

2 층간 소음이 발생하는 원인이 <u>아닌</u> 것은 무엇인가요?

① 아이들이 뛰는 것

② 식탁 의자를 끄는 것

③ 너무 늦은 시간에 악기를 연주하는 것

④ 사뿐사뿐 걷는 것

3 무지개 아파트에서 특히 조심해야 하는 시간인 밤 10시부터 다음 날 아침 6시까지를 시계 위에 색칠하여 나타내 보세요.

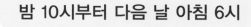

예 오후 5시부터 오후 8시 　　　 밤 10시부터 다음 날 아침 6시

예

土

토(土)　흙을 뜻하고
　　　　토라고 읽어요.

 다음 낱말을 큰 소리로 읽어 보세요.

토지　　토양　　토대

토요일　　토종

이 글자는 흙덩어리가 뭉쳐 있는 모양이에요.

모양	뜻	소리
土	흙	토

쓰는 순서와 쓰기

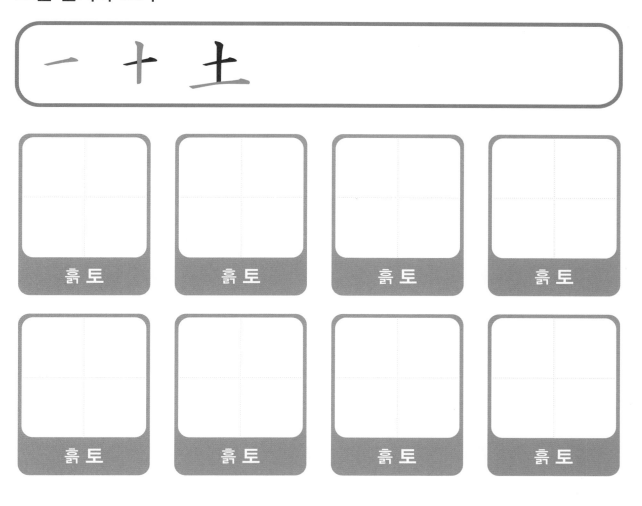

ㅡ 十 土

흙 토

흙 토

흙 토

흙 토

흙 토

흙 토

흙 토

흙 토

낱말에 토(土)가 숨어 있으면, 그 낱말에는 '흙'의 뜻이 들어 있어요.

낱말에 똑같이 들어 있는 글자에 동그라미 하세요.	낱말에 숨어 있는 같은 한자에 동그라미 하세요.
토지	土지 사람이 생활하고 활동하는 데 이용하는 땅
토양	土양 바위가 부스러져 생긴 가루와 동식물이 썩어서 생긴 물질이 섞여 만들어진 물질
토대	土대 밑바탕이 되는 것
토요일	土요일 월요일을 시작으로 한 주의 여섯째 날
토종	土종 원래부터 그곳에서 나온 것

공통 글자는 무엇인지 써 보세요.	공통 한자는 무엇인지 써 보세요.

흙 토(土)가 숨어 있는 낱말에 동그라미 하고 써 보세요. (5개)

우리나라 토지 중 전라도는 농사에 적합한 기름진 토양이 펼쳐져 있다. 그래서 논농사가 발전의 토대가 되었다고 한다. 토요일에 전라도 여수로 여행을 간다. 이곳저곳 둘러보고 여수의 토종 음식도 먹고 올 예정이다.

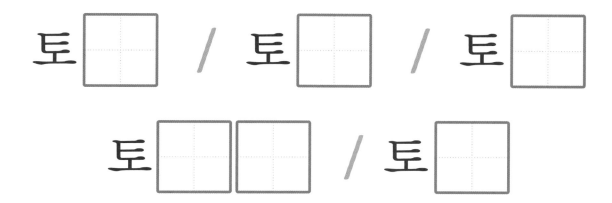

토 　 / 토 　 / 토

토 　　 / 토

기본 낱말 다시 배우기 (명사)

 **촌** 사는 사람의 대부분이 농사일을 하는 마을이나 지역

움직임을 나타내는 말 (동사)

모  **다** 하나로 합쳐지다.

성질이나 상태를 꾸며 주는 말 (형용사)

이 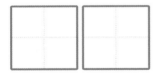 된 시계는 할아버지의 선물이다.

오래되다 : 지나간 시간이 길다.

모양을 흉내 내는 말 (의태어)

바람이 불자 무성한 나뭇잎이  춤을 춘다.

흔들흔들 : 자꾸 이리저리 흔들리거나 흔들리게 하는 모양

속담

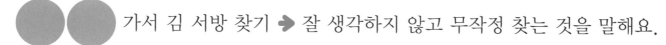

⬤ ⬤ 가서 김 서방 찾기 ➡ 잘 생각하지 않고 무작정 찾는 것을 말해요.

여기서 잃어버린 머리핀을 찾는 건 ⬤ ⬤ 가서 김 서방 찾기지.

습관적으로 쓰는 말 (관용어)

한 ⬤ ⬤ 을 파다. ➡ 한 가지 일에만 집중해서 끝까지 하다.

삼촌은 5년 동안 한 ⬤ ⬤ 만 파더니 김치 전문 요리사가 되었다.

글자만 같은 서로 다른 낱말 (동형어)

"이 길은 차가 많이
다니니까 조심해야 해."

- 자동차나 기차처럼 바퀴가 굴러서 사람이나 짐을 실어 옮기는 기관
- 차나무의 어린잎을 달이거나 우린 물
- 둘 이상을 서로 대보고 비교했을 때 서로 다르게 나타나는 정도

피동 표현과 사동 표현을 사용하여 문장을 완성해 보세요. (문법-피동과 사동)

바람이 마당의 빨랫줄을 흔들어요.

➡ 마당의 빨랫줄이 바람에 ⬤⬤⬤⬤⬤⬤ .

오늘 한자

토(土) : 흙을 뜻하고 **토**라고 읽어요.

한눈에 보는
학교와 교실

학교 교실 운동장 수업 교과서 공책 책가방
실내화 선생님 학생 시험 방학 입학식 졸업식

학교	학생에게 교육을 실시하는 기관
교실	유치원, 초등학교, 중학교, 고등학교에서 학습 활동이 이루어지는 방
운동장	운동 경기나 놀이를 할 수 있게 여러 가지 기구가 있는 넓은 마당
수업	선생님이 학생에게 지식이나 기술을 가르쳐 주는 시간
입학식	입학할 때에 신입생을 모아 놓고 하는 행사
졸업식	학생이 모든 교육 과정을 마친 것을 기념하는 행사

학교와 교실을 나타내는 말을 알아봅시다. (동사)

가르치다	맞다	틀리다	배우다	이해하다
잘하다	못하다	생각하다	혼나다	어기다

가르치다 지식이나 기술을 깨닫게 하거나 익히게 하다.

배우다 새로운 지식을 얻다.

이해하다 깨달아 알다.

생각하다 어떤 것에 대하여 헤아리고 정하다.

혼나다 크게 꾸지람을 듣거나 벌을 받다.

어기다 규칙, 약속, 시간을 지키지 않다.

 수업과 시험은 각각 어떤 일을 하는지 따라 써 보세요.

가르치다

이해하다

배우다

맞다

틀리다

생각하다

학교와 교실의 성질이나 상태를 꾸며 주는 말을 알아봅시다. (형용사)

어렵다   하기가 까다로워 힘이 들다.

쉽다   하기가 까다롭거나 힘들지 않다.

그렇다   상태, 모양, 성질이 그와 같다.

아니다   어떤 사실을 인정하지 않다.

똑똑하다   분명하고 총명하다.

어리석다   슬기롭지 못하고 둔하다.

 어떤 말이 들어가야 할까요?

(똑똑)   (아니)   (쉽)   (어려)

- 선생님께서는 어려운 내용을 알기 　　　　　게 설명해 주신다.

- "언니가 말한 건 사실이 　　　　　야."

- "오늘 시험이 너무 　　　　　워서 힘들었어."

- "네 동생 정말 　　　　　하구나!"

한 문장 독해 _ 한 문장으로 된 글을 읽고, 물음에 답하세요.

선생님께서 영어 문제를 알기 쉽게 가르쳐 주셨어요.

1. 선생님께서 알기 쉽게 가르쳐 주신 것을 쓰세요.

....

오늘은 음악 시간에 졸업식 때 부를 노래를 배웠다.

2. 오늘은 무엇을 배웠나요?

입학식 때 부를 노래 / 졸업식 때 부를 노래 / 스승의 날 노래

나는 형이 내용을 아무리 설명해 주어도 이해하기 어려워 답답했다.

3. 나는 내용을 이해하기 어려워 어떤 기분이었나요?

답답했다. / 개운했다. / 괜찮았다.

두 문장 독해 _ 두 문장으로 된 글을 읽고, 물음에 답하세요.

> 나는 방학 동안 중국어를 배웠다.
> 선생님께서 재미있게 가르쳐 주셔서 배우는 것이 즐거웠다.

1. 내가 방학 동안 배운 것을 쓰세요.

....

> "너는 어려운 수학 문제도 척척 잘 푸는구나."
> "응. 나는 수학 과목을 좋아해서 공부를 많이 했어."

2. 내가 좋아하는 과목은 무엇인가요?

> 과학 / 국어 / 영어 / 수학

> 공부하다 보면 모르는 문제가 나오기도 한다.
> 하지만 곰곰이 생각하면 대부분 잘 풀 수 있다.

3. 모르는 문제를 잘 푸는 방법은 무엇인가요?

> 모르고 넘어간다.
> 곰곰이 생각한다.
> 다른 문제를 푼다.

세 문장 독해 _ 세 문장으로 된 글을 읽고, 물음에 답하세요.

나는 국어 과목을 제일 잘하고, 내 짝은 영어 과목을 잘한다.
내 친구들과 나는 잘하는 과목, 못하는 과목이 모두 다르다.
그래서 우리는 서로서로 공부를 도와주기도 한다.

1. 내 짝이 잘하는 과목은 무엇인가요?

....

2. 내 친구들과 내가 모두 다른 것은 무엇인가요?

....

3. 친구들과 서로서로 도와주는 것은 무엇인가요?

....

소리를 흉내 내는 말 (의성어)

- 복도에서 친구들이 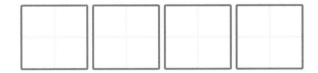 떠들고 있다.

웅성웅성 : 여러 사람이 모여 소란스럽게 수군거리며 자꾸 떠드는 소리

- 나는 색종이를 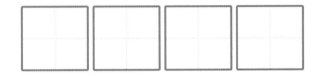 잘라 별 모양을 만들었다.

싹둑싹둑 : 어떤 물건을 가위나 칼로 자꾸 자르거나 베는 소리

- 대답할 때는 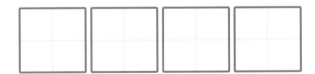 하지 말고 큰 목소리로 정확하게 말해야 해요.

웅얼웅얼 : 작은 소리로 분명하지 않게 자꾸 입속으로 중얼거리는 소리

- 조용한 교실에는 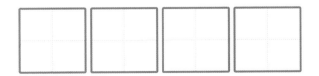 시계 소리만 들린다.

째깍째깍 : 시계 같은 것의 톱니바퀴가 연속으로 돌아가는 소리

먹을 가까이하면 검어진다.

좋은 환경에 따라 좋게 변할 수 있다는 뜻이에요.

먹 : 주로 옛날에, 갈아서 글씨를 쓰거나 그림을 그릴 때 사용하는 검은 물감

먹을 가까이하면
검어지듯이 성실한 반장과
친해지니 나도 반장을
닮아 간다.

십년공부 도로 아미타불

오랫동안 정성을 쏟은 일이 보람을 얻지 못한 것을 말해요.

아미타불 : 불교에서 쓰는 용어

퍼즐 한 조각이 없어져서
완성하지 못했어.
십년공부 도로 아미타불이다!

학교와 교실 _ 관계있는 습관적으로 쓰는 말 (관용어)

종이 한 장 차이

차이가 매우 작다.

나와 짝꿍의 손바닥 길이는
종이 한 장 차이다.

붓을 들다.

글을 쓰기 시작하다.

무엇을 쓸지 고민하다가
3시간이나 지나서야
붓을 들었다.

헷갈리기 쉬운 낱말 (맞춤법)

  지식이나 기술, 지혜를 깨닫게 하거나 익히게 하다.

  손가락으로 방향이나 물건을 집어 보이거나 말하면서 알리다.

 잘못 쓰기 쉬운 낱말 (맞춤법)

 개수 한 개씩 셀 수 있는 물건의 수

개수 갯수

- '가르치다'와 '가리키다'를 구분해 알맞은 말에 동그라미 해 보세요.

"어디로 가면 되는지 손으로 가르쳐 가리켜 봐."

이모는 유치원에서 아이들을 가르치고 가리키고 있어요.

- 바르게 쓴 말에 동그라미 하세요.

나는 필통에 있는 연필의 개수 갯수 를 세었다.

밑줄 친 예사말을 높임말로 고쳐 써 보세요. (문법-높임말과 예사말)

높임말은 사람이나 사물을 높여서 이르는 말로 주로 웃어른께 공경하는 마음을 담아 하는 말이에요.

예사말은 높이거나 낮추는 말이 아닌 보통 말로 주로 친구나 나이가 어린 사람에게 하는 말이에요.

| 드렸다 | 말씀을 | 계시니? | 여쭤보자 |

"이 문제는 어떻게 푸는 건지 선생님께 <u>물어보자</u>."

➔
....

우리는 교실에서 모니터로 교장 선생님의 <u>말을</u> 들었다.

➔
....

나는 연습을 끝내고 체육 선생님께 공을 <u>줬다</u>.

➔
....

"민수야, 혹시 2반 교실에 보건 선생님 <u>있니?</u>"

➔
....

다음 글을 읽고, 물음에 답하세요.

> 마을 **서당**의 **훈장님**은 달콤한 꿀을 무척 좋아하셨어요.
>
> 쉬는 시간이면, 아이들 몰래 꿀을 먹고 깊숙이 숨겨 두곤 하셨지요.
>
> '맛있고 귀한 꿀이니, 나 혼자만 먹어야지. 냠냠 맛있구나.'
>
> 그런데 하루는 꿀을 먹다가 한 아이에게 들켜 버렸어요.
>
> 당황한 훈장님은 꿀단지를 감추며 말씀하셨어요.
>
> "이건 독약이란다. 먹으면 죽을 수도 있으니, 절대 손대선 안 돼. 그리고 아무에게도 말하지 말거라."
>
> 하지만 아이는 훈장님의 말을 믿지 않았어요.

서당 : 예전에 아이들을 가르치던 곳이에요.

훈장님 : 서당에서 학생을 가르치는 선생님을 말해요.

훈장님은 꿀을 왜 혼자만 몰래 먹었나요?

① 병을 고치는 약이라서　　② 달콤해서

③ 맛있고 귀한 꿀이라서　　④ 독약이라서

 훈장님이 꿀 먹는 모습을 아이에게 들키자 어떻게 말했나요?

① 독약이니 먹으면 죽을 수도 있어.

② 맛있는 건 나눠 먹자.

③ 맛있고 귀한 꿀이란다.

④ 아무에게도 말하지 말고 같이 먹자.

 '음식을 맛있게 먹는 소리나 모양'으로 훈장님이 꿀을 먹는 모습을
어떻게 나타냈나요?

맛있고 귀한 꿀이니, 나 혼자만 먹어야지. 맛있구나.

다음 글을 읽고, 물음에 답하세요.

여름 방학 체험 학습 보고서

[기간] 8월 1일 ~ 8월 5일   **[장소]** 제주도

[목적] 가족들과 좋은 추억 만들기

[내용]

우리가 머무른 곳은 바다가 보이는 집이었다.

첫날에는 집 앞의 말 농장에서 사진도 찍고 말을 타 보았다.

말은 생각보다 아주 컸고, 털이 매끈매끈했다.

둘째 날은 올레길을 걸었다.

제주도는 바람이 많이 불어서 별로 덥지 않았다.

돌하르방이 곳곳에 놓여 있었는데, 이것은 돌로 만든 조각으로 제주도에서 마을을 지키는 역할을 한다고 전해지고 있다.

'하르방'은 할아버지의 제주도 말이다.

셋째 날에는 바닷가에 갔는데 구멍이 뿅뿅 뚫린 현무암이 굴러다니는 게 신기했다.

1 제주도 여행의 둘째 날에 한 일은 무엇인가요?

① 말타기 ② 돌하르방 구경

③ 바닷가 가기 ④ 올레길 걷기

 2 제주도 바닷가에서 흔히 볼 수 있는 것은 무엇인가요?

① 귤나무 ② 큰 말

③ 돌하르방 ④ 현무암

 3 제주도 여행을 시작한 날의 요일과, 마지막 날의 요일을 찾아보세요.

• 여행 시작한 날 요일 : ⬭ 요일

• 여행 마지막 날 요일 : ⬭ 요일

월	화	수	목	금	토	일
1	2	3	4	5	6	7
8	9	10	11	12	13	14
15	16	17	18	19	20	21
22	23	24	25	26	27	28
29	30	31				

교(校)　　　학교를 뜻하고
　　　　　　교라고 읽어요.

 다음 낱말을 큰 소리로 읽어 보세요.

초등학교 중학교 교복

교문　교장 선생님

이 글자는 나무에 다리를 꼰 사람이 앉아 있는 모양이에요.

모양	뜻	소리
校	학교	교

쓰는 순서와 쓰기

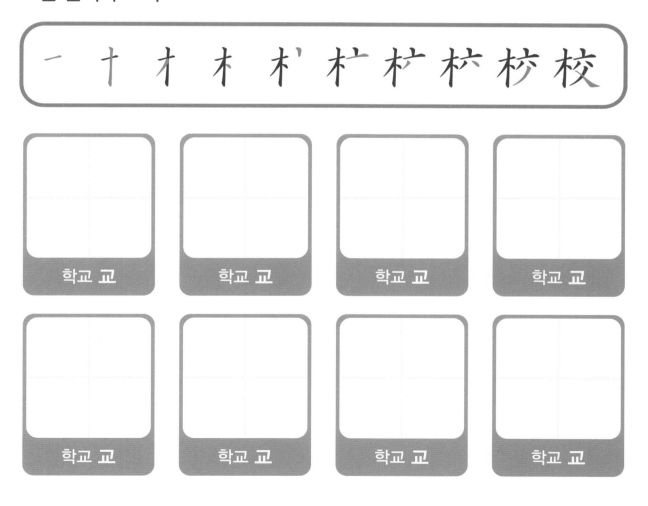

낱말에 교(校)가 숨어 있으면 그 낱말에는 '학교'의 뜻이 들어 있어요.

낱말에 똑같이 들어 있는 글자에 동그라미 하세요.	낱말에 숨어 있는 같은 한자에 동그라미 하세요.
초등학교	초등학校 6년 동안 반드시 다녀야 하는 기본적인 교육을 하는 학교
중학교	중학校 초등학교와 고등학교 사이에 3년 동안 교육하는 학교
교복	校복 학교에서 학생들이 입도록 규칙으로 정한 옷
교문	校문 학교 입구의 문
교장 선생님	校장 선생님 학교에서 가장 으뜸인 선생님

공통 글자는 무엇인지 써 보세요.	공통 한자는 무엇인지 써 보세요.
교	校

학교 교(校)가 숨어 있는 낱말에 동그라미 하고 써 보세요. (5개)

나는 문해 초등학교 1학년이다. 형은 바로 옆의 문해 중학교에 다닌다. 교복을 입은 형은 어른스러워 보였다. 입학하는 날 아침에는 교문 앞에서 6학년 형, 누나들이 반갑게 인사해 주었고, 교장 선생님께서는 학생들에게 좋은 말씀도 해 주셨다.

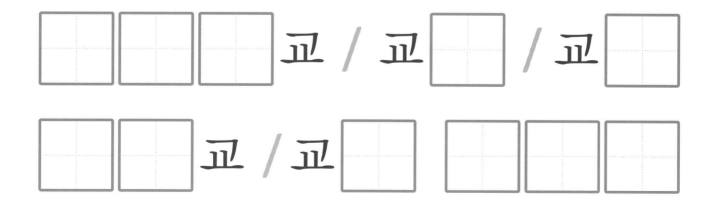

기본 낱말 다시 배우기 (명사)

   유치원, 초등학교, 중학교, 고등학교에서 학습 활동이
이루어지는 방

움직임을 나타내는 말 (동사)

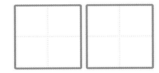 새로운 지식을 얻다.

성질이나 상태를 꾸며 주는 말 (형용사)

"언니가 말한 건 사실이 야."

아니다 : 어떤 사실을 인정하지 않다.

소리를 흉내 내는 말 (의성어)

나는 색종이를   잘라 별 모양을 만들었다.

싹둑싹둑 : 어떤 물건을 가위나 칼로 자꾸 자르거나 베는 소리

속담

십년 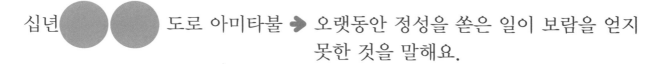 도로 아미타불 ➜ 오랫동안 정성을 쏟은 일이 보람을 얻지 못한 것을 말해요.

퍼즐 한 조각이 없어져서 완성하지 못했어. 십년 ⬤ ⬤ 도로 아미타불이다!

습관적으로 쓰는 말 (관용어)

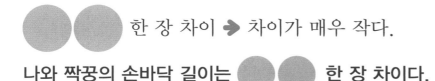 한 장 차이 ➜ 차이가 매우 작다.

나와 짝꿍의 손바닥 길이는 ⬤ ⬤ 한 장 차이다.

헷갈리기 쉬운 낱말과 잘못 쓰기 쉬운 낱말 (맞춤법)

"어디로 가면 되는지 손으로 가르쳐 가리켜 봐."

나는 필통에 있는 연필의 개수 갯수 를 세었다.

밑줄 친 예사말을 높임말로 고쳐 써 보세요. (문법-높임말과 예사말)

"이 문제는 어떻게 푸는 건지 선생님께 물어보자."

➜ ....

오늘 한자

교(校) : 학교를 뜻하고 교라고 읽어요.

校 ☐ ☐

3주

한눈에 보는
한글과 말

한글	세종 대왕	글	말	한글날
이야기	높임말	반말	표준어
사투리	억양	농담	수다	말투

한글 세종 대왕이 만든 우리나라 고유의 글자

세종 대왕 지금의 한글이 된 훈민정음을 만들고 측우기, 해시계 같은 과학 기구를 제작하게 한 조선 제4대 왕

한글날 세종 대왕이 만든 훈민정음이 백성들에게 알려진 것을 기념하기 위하여 정한 날로, 10월 9일

표준어 전 국민이 공통적으로 쓸 수 있는 단어

높임말 사람이나 사물을 높여서 이르는 말

농담 별 뜻 없이 장난으로 하는 말

한글과 말을 나타내는 말을 알아봅시다. (동사)

말하다	읽다	쓰다	묻다	적다
알다	모르다	따지다	짓다	따르다

말하다 생각이나 느낌을 말로 나타내다.

읽다 글이나 글자를 보고 소리 내어 말로써 나타내다.

쓰다 펜이나 연필을 종이에 그어서 글자의 모양이 이루어지게 하다.

따지다 옳고 그른 것을 밝혀 가리다.

짓다 시, 소설, 편지, 노래 가사 같은 글을 쓰다.

따르다 남이 하는 대로 같이 하다.

 말과 글은 각각 어떤 일을 하는지 따라 써 보세요.

말하다	읽다	묻다

적다	쓰다	알다

한글과 말의 성질이나 상태를 꾸며 주는 말을 알아봅시다. (형용사)

괜찮다	별로 나쁘지 않고 보통 이상이다.
이상하다	제대로인 상태와는 다르다.
옳다	어긋난 것이 없이 맞고 바르다.
필요하다	반드시 있어야 하다.
당연하다	마땅히 그렇다.
올바르다	말이나 생각, 행동이 옳고 바르다.

3주
1일

 어떤 말이 들어가야 할까요?

괜찮   당연   필요   이상

- "거실에서   한 소리가 난 것 같아."

- 형인 내가 어린 동생을 도와주는 것은   하다.

- "수연아, 몸은 좀   아졌니?"

- 두부가   해서 가게에서 사 왔다.

> **나는 글짓기 시간에 동시를 지었다.**

1. 내가 글짓기 시간에 지은 것을 쓰세요.

....

> **요즘은 줄임말을 많이 쓰는데, 제대로 올바르게 말하는 것이 좋다.**

2. 요즘은 무엇을 많이 쓰나요?

> 표준말 / 줄임말 / 반말

> **책을 읽다가 좋은 글이 있어서 공책에 적었어요.**

3. 좋은 글이 있어서 어떻게 했나요?

> 계속 읽었어요. / 책에 적었어요. / 공책에 적었어요.

두 문장 독해 _ 두 문장으로 된 글을 읽고, 물음에 답하세요.

> 발표할 때는 큰 소리로 또박또박하게 말해야 한다.
> 그래야 교실 안의 친구들이 모두 잘 알아들을 수 있다.

1. 발표할 때는 어떻게 말해야 하는지 쓰세요.

....

> "받아쓰기 연습을 해야 하니까, 내가 읽는 것을 따라 적어 봐."
> "응. 천천히 정확하게 말해 줘."

2. 내가 하는 연습은 무엇인가요?

> 바르게 읽기 / 받아쓰기 / 따라 읽기 / 천천히 읽기

> 누나는 항상 다정한 말투로 이야기한다.
> 그래서 누나와 대화하는 것은 참 즐겁다.

3. 누나는 어떻게 이야기 하나요?

> 즐거운 말투로 이야기한다.
> 화난 말투로 이야기한다.
> 다정한 말투로 이야기한다.

세 문장 독해 _ 세 문장으로 된 글을 읽고, 물음에 답하세요.

> 말할 때는 비속어를 섞어 말하거나, 줄임말을 하지 않도록 조심해야 합니다.
> 우리는 바르고 고운 말을 사용하기 위해 노력해야 합니다.
> 말은 나를 보여 주는 거울과 같기 때문입니다.

비속어 : 남을 무시하는 나쁜 말

1. 말할 때 조심해야 하는 것은 무엇인가요?

....

2. 우리는 어떤 말을 사용하기 위해 노력해야 하나요?

....

3. 말은 무엇과 같다고 하였나요?

....

소리를 흉내 내는 말 (의성어)

- 동생은 학교에서 있었던 일을 엄마에게 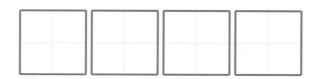 이야기했다.

재잘재잘 : 낮고 빠른 목소리로 떠들썩하게 말하는 소리

- 나는 구구단을 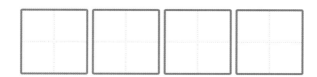 외우면서 학교에 갔어요.

중얼중얼 : 남이 알아듣지 못할 정도의 작고 낮은 목소리로 혼자 말하는 소리

- 화가 난 동생은 괜히 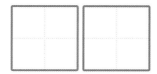 대며 말한다.

툭툭 : 말을 부드럽거나 상냥하지 못하게 자꾸 쏘아붙이는 소리

- 동생과 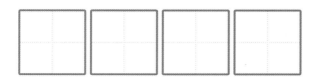 이야기하며 놀았어요.

속닥속닥 : 남이 알아듣지 못하도록 작은 목소리로 비밀스럽게 계속 이야기하는
소리

가는 말이 고와야 오는 말이 곱다.

남에게 말이나 행동을 좋게 하면 남도 자기에게 좋게 한다는 말이에요.

가는 말이 고와야
오는 말이 곱다더니,
전에 빌려준 책과 함께
사탕을 받았다.

말 한마디에 천 냥 빚도 갚는다.

말만 잘하면 어려운 일도 해결할 수 있다는 뜻이에요.

냥 : 예전에 돈을 세는 단위

숙제를 깜빡했는데
말 한마디로 천 냥 빚을 갚듯이
넘어갔다.

한글과 말 _ 관계있는 습관적으로 쓰는 말 (관용어)

말을 삼키다.

하려던 말을 그만두다.

강아지에게 화낼 수 없어서
나는 조용히 말을 삼켰다.

말도 안 되다.

실현 가능성이 없다.

저 높이를 넘다니,
말도 안 돼!

고유어와 외래어

 고유어

  글   생각이나 일의 내용을 글자로 나타낸 기록

말   목소리로 생각이나 느낌을 표현하고
전달하는 것

외래어

 메시지   message : 어떤 사실을 알리거나 주장하거나
경고하기 위해 전하는 말

• 고유어와 외래어를 바르게 써 보세요.

방학 동안 있었던 일을 _____ 로 적어 보았다.

누나는 언제나 또박또박 _____ 한다.

친구에게서 생일 축하 _____ 를 받았다.

70

뒤죽박죽 섞여 있는 글을 바른 순서로 써 보세요. (문법-어순)

나는 / 발표했어요. / 목소리로 / 크고 정확한

➜ ....

다정하게 / 말한다. / 내 친구는 / 언제나

➜ ....

한글을 / 분이다. / 세종 대왕은 / 만드신

➜ ....

드러낸다고 / 말은 / 해요. / 마음을

➜ ....

다음 글을 읽고, 물음에 답하세요.

어느 날 바다 깊은 곳에 사는 바다 마녀에게 인어 공주가 찾아왔어요.

"바다 마녀님. 부탁이 있어요. 다리를 갖고 싶어요. 제발 저를 도와주세요. 다리를 가질 수 있다면 무엇이든지 할 수 있어요."

바다 마녀는 안타깝다는 듯 말했어요.

"뭐라고? 그게 얼마나 힘든 일인 줄 모르고…. 쯧쯧. 인어 공주야, 그러면 다리를 만들어 줄 테니, 너의 그 아름다운 목소리를 내게 다오. 그렇게 되면 넌 말도 할 수 없고, 즐거운 노래도 부를 수 없어."

하지만 인어 공주의 마음은 변하지 않았어요.

인어 공주는 바다 마녀에게 무엇을 부탁했나요?

① 다리를 갖고 싶어요.

② 목소리를 갖고 싶어요.

③ 말을 하고 싶어요.

④ 노래를 부르고 싶어요.

 바다 마녀는 다리를 만들어 주는 대신 무엇을 달라고 했나요?

① 인어 공주의 꼬리　　　　② 즐거운 노래

③ 말하는 것　　　　④ 아름다운 목소리

 '불쌍하거나, 마음에 못마땅하여 자꾸 가볍게 혀를 차는 소리'로 바다 마녀가 인어 공주를 안타까워하며 낸 소리를 어떻게 나타냈나요?

바다 마녀는 안타깝다는 듯 말했어요.

"뭐라고? 그게 얼마나 힘든 일인 줄 모르고⋯. ."

다음 글을 읽고, 물음에 답하세요.

집현전은 조선 세종 때 만든 학문 연구 기관으로, **훈민정음**을 만드는 것을 도왔고, 여러 가지 책을 만들어 냈다.

1420년에 세종이 학문 연구 기관으로 발전시키고, 1456년 세조 때 없어지기까지 집현전은 조선 시대 문화 발전에 크게 **이바지**하였다.

세종은 좋은 나라를 만들려면 뛰어난 사람들을 키우고, 학문을 발전시켜야 한다고 생각했다.

그래서 고려 시대부터 내려온 도서관인 집현전을 학문 연구 기관으로 다시 만들고 우수한 학자들을 뽑아 일하게 했다.

훈민정음 : 백성을 가르치는 바른 소리라는 뜻으로, 1443년에 세종 대왕이 만든 우리나라 글자를 말해요.
이바지 : 도움이 되게 하는 것을 말해요.

1 조선 시대 훈민정음을 만드는 것을 도운 학문 연구 기관은 어디인가요?

① 우문전 ② 집현전

③ 예문관 ④ 홍문관

 2 집현전에 관한 사실로 옳지 <u>않은</u> 것은 무엇인가요?

① 여러 가지 책을 만들어 냈어요.

② 세조 때 만들었어요.

③ 고려 시대부터 내려왔어요.

④ 학문 연구 기관이에요.

 3 집현전은 36년 동안 조선 시대 문화 발전에 이바지하였습니다. 만약 한 어린이가 집현전이 만들어진 1420년에 2살이었다면 몇 살이 되었을 때 집현전이 없어졌을까요?

> 1420년에 세종이 학문 연구 기관으로 발전시키고, 1456년 세조 때 없어지기까지 집현전은 조선 시대 문화 발전에 크게 이바지하였다.

2살 + 36년   2 + 36 = [   ] 살

교(教)　가르치다를 뜻하고
교라고 읽어요.

 다음 낱말을 큰 소리로 읽어 보세요.

교과서　종교　교육

교회　교수

이 글자는 회초리를 들어 아이를 가르치는 모양이에요.

모양	뜻	소리
教	가르치다.	교

쓰는 순서와 쓰기

낱말에 교(教)가 숨어 있으면 그 낱말에는 '가르치다.'의 뜻이 들어 있어요.

낱말에 똑같이 들어 있는 글자에 동그라미 하세요.	낱말에 숨어 있는 같은 한자에 동그라미 하세요.
교과서	教과서 학교에서 가르치는 데 필요한 책
종교	종教 신을 믿어서 걱정을 해결하고 의미 있는 삶을 쫓는 문화로 기독교, 불교 같은 것
교육	教육 지식과 기술을 가르치며 사람의 도리를 길러 주는 것
교회	教회 기독교의 신을 따르는 사람들이 모이는 장소
교수	教수 대학에서 학문을 가르치고 연구하는 사람

공통 글자는 무엇인지 써 보세요.	공통 한자는 무엇인지 써 보세요.
교	

가르칠 교(敎)가 숨어 있는 낱말에 동그라미 하고 써 보세요. (5개)

오늘은 교과서가 필요 없는 날이다. 수업 대신 세계의 종교에 관련된 교육이 있다. 교회의 목사님, 절의 스님, 성당의 신부님과 여러 종교를 오랫동안 연구하신 대학교 교수님까지 오셔서 특별한 수업을 한다고 하니 기대가 된다.

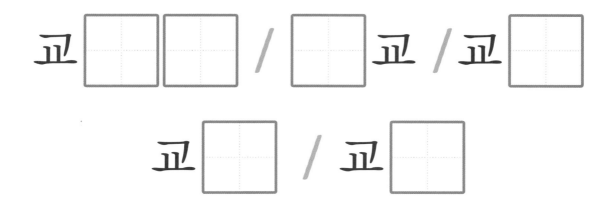

교　　　／　　교 ／ 교

교　　／ 교

기본 낱말 다시 배우기 (명사)

  임 말　사람이나 사물을 높여서 이르는 말

움직임을 나타내는 말 (동사)

  다　글이나 글자를 보고 소리 내어 말로써 나타내다.

성질이나 상태를 꾸며 주는 말 (형용사)

두부가  해서 가게에서 사 왔다.

필요하다 : 반드시 있어야 하다.

소리를 흉내 내는 말 (의성어)

나는 구구단을  외우면서 학교에 갔어요.

중얼중얼 : 남이 알아듣지 못할 정도의 작고 낮은 목소리로 혼자 말하는 소리

속담

가는 ⬤ 이 고와야 오는 말이 곱다. ➡ 남에게 말이나 행동을 좋게 하면
남도 자기에게 좋게 한다는 말이에요.

가는 ⬤ 이 고와야 오는 말이 곱다더니, 전에 빌려준 책과 함께 사탕을 받았다.

습관적으로 쓰는 말 (관용어)

⬤ 도 안 되다. ➡ 실현 가능성이 없다.

저 높이를 넘다니, ⬤ 도 안 돼!

고유어와 외래어

누나는 언제나 또박또박 글 말 메시지 한다.

뒤죽박죽 섞여 있는 글을 바른 순서로 써 보세요. (문법-어순)

> 나는 / 발표했어요. / 목소리로 / 크고 정확한

➡ ....

오늘 한자

교(教) : **가르치다**를 뜻하고 **교**라고 읽어요.

4주

한눈에 보는

단위

단위 무게 넓이 길이 거리 몸무게 부피 크기
깊이 미터 킬로미터 센티미터 그램 킬로그램 톤

단위	길이, 무게, 수, 시간을 수와 양을 숫자로 나타낼 때의 기준
무게	물건의 무거운 정도
넓이	평평한 면의 크기나 일정한 면이 차지하는 공간의 크기
길이	한끝에서 다른 한끝까지의 거리
부피	넓이와 높이를 가진 물건이 공간에서 차지하는 크기
깊이	위에서 밑바닥까지, 겉에서 속까지의 거리

단위를 나타내는 말을 알아봅시다. (동사)

재다	달다	헤아리다	불어나다	줄어들다
닳다	넘치다	바닥나다	많아지다	적어지다

재다   자나 저울을 이용해 길이, 높이, 깊이, 무게를 알아보다.

달다   저울로 무게를 헤아리다.

불어나다   수나 양이 커지거나 많아지다.

닳다   물건이 낡아지거나, 길이, 두께, 크기가 줄어들다.

넘치다   정해진 것을 훨씬 넘다.

바닥나다   돈이나 물건을 다 써 버려서 없어지다.

 무게와 길이는 각각 어떤 일을 하는지 따라 써 보세요.

달다

많아지다

적어지다

재다

닳다

줄어들다

단위의 성질이나 상태를 꾸며 주는 말을 알아봅시다. (형용사)

넓다	면이나 바닥의 넓이가 크다.
좁다	면이나 바닥의 넓이가 작다.
길다	닿아 있는 물체의 두 끝이 서로 멀다.
짧다	닿아 있는 공간이나 물체의 두 끝의 사이가 가깝다.
두껍다	두꺼운 정도가 보통의 정도보다 크다.
얇다	두께가 두껍지 않다.

4주
1일

 어떤 말이 들어가야 할까요?

| 좁 | 짧 | 넓 | 두껍 |

- "언니는 ⬚⬚⬚⬚ 은 머리가 더 어울려."

- "길이 ⬚⬚⬚⬚ 아서 차가 못 지나가고 있어."

- 너무 추워서 옷을 ⬚⬚⬚⬚ 게 입었다.

- "와! 마당이 정말 ⬚⬚⬚⬚ 구나!"

한 문장 독해 _ 한 문장으로 된 글을 읽고, 물음에 답하세요.

밤하늘의 별의 수는 눈으로 헤아릴 수 없어요.

1. 밤하늘에서 헤아릴 수 없는 것은 무엇인지 쓰세요.

....

비가 많이 와서 강물이 불어 넘치려고 한다.

2. 강물이 넘치려고 하는 이유는 무엇인가요?

비가 많이 와서 / 눈이 많이 와서 / 바람이 많이 불어서

내 손가락의 길이는 다른 친구들에 비해 긴 편이다.

3. 내 손가락의 길이는 다른 친구들에 비해 어떠한가요?

긴 편이다. / 짧은 편이다. / 비슷하다.

두 문장 독해 _ 두 문장으로 된 글을 읽고, 물음에 답하세요.

> 긴 바지를 줄이기 위해 옷을 고치는 가게에 갔어요.
> 아저씨는 자로 5센티미터를 재어서 표시하셨어요.

1. 바지를 얼마나 줄였는지 쓰세요.

> "영수야, 연필이 너무 짧은 거 아니니? 그럼 잡기 불편할 텐데 말이야."
> "좋아하는 연필이라서 이것만 썼더니 많이 닳았어요."

2. 영수가 좋아해서 많이 닳은 것은 무엇인가요?

> 지우개 / 교과서 / 연필 / 볼펜

> 엄마가 공책을 사 오셨는데 너무 얇았다.
> 다시 문방구에 가서 더 두꺼운 공책으로 바꿔 왔다.

3. 나는 문방구에 가서 무엇을 했나요?

> 더 두꺼운 공책으로 바꿔 왔다.
> 너무 얇은 공책을 샀다.
> 두꺼운 공책을 더 샀다.

세 문장 독해 _ 세 문장으로 된 글을 읽고, 물음에 답하세요.

사탕 종류가 아주 많기로 유명한 사탕 가게에 갔다.
이 가게는 사탕의 무게를 달아서 팔기 때문에 원하는 만큼 살 수 있다.
인기가 많은 사탕은 금방 바닥나기도 해서 서둘러야 한다.

1. 나는 무슨 가게에 갔나요?

....

2. 이 가게는 사탕의 무엇을 달아서 파나요?

....

3. 인기가 많은 사탕은 금방 어떻게 되나요?

....

모양을 흉내 내는 말 (의태어)

• 짐이 보기보다 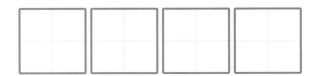 해서 힘들지 않다.

가뿐가뿐 : 매우 가벼운 모양

• 체조 시간에는 서로 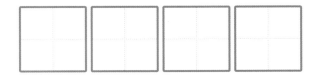 서야 해요.

멀찍멀찍 : 여러 개의 사이가 다 꽤 떨어져 있는 모양

• 반찬은 접시에 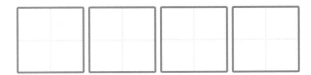 덜어서 먹어요.

조금조금 : 여럿이 다 조금인 모양이나 조금씩 여러 번 반복하는 모양

• 바위가 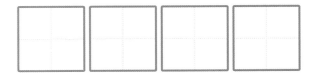 해서 등산객이 앉아 쉬기에 좋다.

두리넓적 : 모양이 둥그스름하고 넓적하다.

내 코가 석 자

내가 급해서 남을 돌볼 여유가 없다는 뜻이에요.

자 : 길이의 단위, 한 자는 30.3cm

숙제가 너무 많아서
내 코가 석 자라,
동생 공부를 도와줄
시간이 없어.

길고 짧은 것은 대어 보아야 한다.

크고 작고, 이기고 지고, 잘하고 못하는 것은 겪어 보아야 알 수 있다는 말이에요.

누가 제일 힘이 센지
팔씨름으로 정하자.
길고 짧은 것은
대어 보아야 알지.

단위 _ 관계있는 습관적으로 쓰는 말 (관용어)

무게를 잡다.

점잖은 척하다.

오빠는 보통 때와는 달리
무게를 잡고
이야기를 시작했다.

거리가 멀다.

기대하는 것이나 비교하는 것과 다르다.

땡! 네 대답은
정답과 거리가 멀어.

여러 가지 뜻을 가진 낱말 (다의어)

1 무게

물건의
무거운 정도

2 무게

중요한 정도

3 무게

마음으로 느끼는
감정이나
책임감의 정도

• 어떤 '무게'인지 번호를 써 보세요.

그 채널은 재미보다 정보를 알리는 데 무게를 두었다. ⬤

할머니의 주름살에는 세월의 무게가 담겨 있다. ⬤

바다거북의 무게는 300킬로그램까지 나가기도 한다. ⬤

알맞은 문장 부호를 넣어 보세요. (문법-문장 부호)

. , ! ?

. : 마침표. 문장을 마칠 때 써요.

, : 쉼표. 단어를 늘어놓거나, 누구를 부르는 말 뒤에 써요.

! : 느낌표. 감탄이나 놀람, 소리침, 강한 명령, 대답을 나타내는 말 뒤에 써요.

? : 물음표. 물어보는 말 뒤에 써요.

"현수야, 리본을 4센티미터 길이로 잘라 줄래(　　)"

➡

나는 작년보다 몸무게가 1킬로그램 늘었다(　　)

➡

길이의 단위는 센티미터(　　) 미터(　　) 킬로미터로 나뉩니다.

➡

"상자가 보기보다 아주 무겁구나(　　)"

➡

다음 글을 읽고, 물음에 답하세요.

당나귀는 시냇물에 빠지면 소금이 녹아서 짐이 더 가벼워진다는 걸 알았어요.

그래서 주인이 소금을 싣는 날이면 일부러 시냇물에 빠졌지요.

꾀를 부리는 당나귀가 얄미웠던 주인은 이번에는 솜을 실었어요.

"히히. 오늘도 시냇물에 빠져야지. 분명히 가벼워질 거야!"

당나귀는 또 시냇물에 풍덩 빠졌어요.

"어? 이상하다. 짐이 왜 더 무거워진 거지?"

솜은 물에 젖으면 훨씬 무거워진다는 것을 몰랐던 당나귀는 힘들게 길을 가야 했답니다.

1 당나귀가 시냇물에 빠져서 알게 된 사실은 무엇인가요?

① 소금의 무게는 변하지 않구나.

② 물에 빠지면 소금이 녹아서 무거워지는구나.

③ 물에 빠지면 소금이 녹아서 가벼워지는구나.

④ 시냇물에 빠지면 다칠 수 있어.

2 당나귀가 얄미운 주인은 왜 소금이 아닌 솜을 실었나요?

① 솜은 물에 젖으면 무거워져서

② 솜은 물에 젖으면 가벼워져서

③ 이번에는 솜을 옮기려고

④ 소금이 필요 없어져서

3 당나귀가 더 무거워서 힘들다고 느낀 짐에 동그라미 해 보세요.

> 당나귀는 시냇물에 빠지면 소금이 녹아서 짐이 더 가벼워진다는 걸 알았어요. 솜은 물에 젖으면 훨씬 무거워진다는 것을 몰랐던 당나귀는 힘들게 길을 가야 했답니다.

• 물에 젖은 소금 짐 / 물에 젖지 않은 소금 짐

• 물에 젖은 솜 짐 / 물에 젖지 않은 솜 짐

한 문단 독해 2 (지식글)

다음 글을 읽고, 물음에 답하세요.

어린이 여러분, '광년'은 **천문학**에서 사용하는 거리의 단위입니다.

1광년은 빛의 속도로 1년이 걸리는 거리이고, 우주에서 엄청나게 먼 거리를 잴 때 사용하지요. 그렇다면 1광년의 거리는 얼마만큼일까요? 약 9조 4천 6백억 킬로미터입니다.

어마어마하지요? 만약 1광년을 걸어서 간다면, 2억 2천 5백만 년 동안 계속 걸어야 도착할 수 있습니다. 우주는 믿을 수 없을 정도로 넓어서 '광년'이라는 거리의 단위가 나왔습니다.

이것은 **천문학자**들끼리 만든 약속입니다.

실제로 잴 수는 없기 때문입니다.

천문학 : 우주의 구조, 우주를 이루는 것으로부터 일어나는 여러 자연 현상을 연구하는 학문이에요.
천문학자 : 천문학을 연구하는 사람을 말해요.

1 빛의 속도로 1년이 걸리는 거리를 무엇이라고 하나요?

① 킬로미터　　　　　　　② 미터

③ 광년　　　　　　　　　④ 센티미터

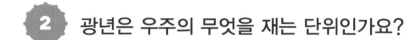 **2** 광년은 우주의 무엇을 재는 단위인가요?

① 무게　　　　　　　　　② 거리

③ 넓이　　　　　　　　　④ 속도

 3 지구에서 10광년이 걸린 행성을 다녀오려면 총 몇 년이 걸릴까요?

1광년은 빛의 속도로 1년이 걸리는 거리이고, 우주에서 엄청나게 먼 거리를 잴 때 사용하지요.

지구에서 행성까지 가는 햇수 10년 + 행성에서 지구까지 오는 햇수 10년

10 + 10 =  년

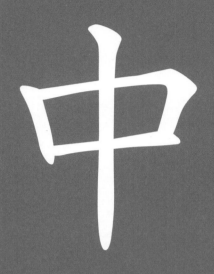

중(中)   가운데를 뜻하고
중이라고 읽어요.

 다음 낱말을 큰 소리로 읽어 보세요.

중앙   적중   중심

집중   중간

이 글자는 무언가를 꿰뚫는 모양이에요.

모양	뜻	소리
中	가운데	중

쓰는 순서와 쓰기

가운데 중 · 가운데 중 · 가운데 중 · 가운데 중

가운데 중 · 가운데 중 · 가운데 중 · 가운데 중

낱말에 중(中)이 숨어 있으면 그 낱말에는 '가운데'의 뜻이 들어 있어요.

낱말에 똑같이 들어 있는 글자에 동그라미 하세요.

낱말에 숨어 있는 같은 한자에 동그라미 하세요.

중앙

中앙
한가운데

적중

적中
총알, 화살이 목표물에 맞음

중심

中심
여러 힘이 모아져서 그 힘이 미치는 부분

집중

집中
한곳을 중심으로 하여 모임

중간

中간
공간이나 시간의 가운데

공통 글자는 무엇인지 써 보세요.

공통 한자는 무엇인지 써 보세요.

양궁은 일정한 거리 뒤에서 과녁의 중앙에 화살을 적중 시켜 점수를 얻는 경기이다. 선수들은 다리를 벌려 중심을 잡고, 집중해야 한다. 어깨 힘이 모자라면 화살이 과녁까지 가는 중간에 힘없이 툭 떨어져 버리기도 한다.

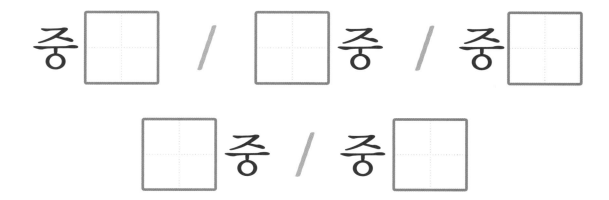

중 　 　 / 　 중 / 중 　

　 중 / 중

기본 낱말 다시 배우기 (명사)

이 한끝에서 다른 한끝까지의 거리

움직임을 나타내는 말 (동사)

다 자나 저울을 이용해 길이, 높이, 깊이, 무게를 알아보다.

성질이나 상태를 꾸며 주는 말 (형용사)

"와! 마당이 정말 구나!"

넓다 : 면이나 바닥의 넓이가 크다.

모양을 흉내 내는 말 (의태어)

체조 시간에는 서로  서야 해요.

멀찍멀찍 : 여러 개의 사이가 다 꽤 떨어져 있는 모양

속담

길고 짧은 것은 ◯ ◯ 보아야 한다.

➜ 크고 작고, 이기고 지고, 잘하고 못하는 것은 겪어 보아야 알 수 있다는
  말이에요.

누가 제일 힘이 센지 팔씨름으로 정하자. 길고 짧은 것은 ◯ ◯ 보아야 알지.

습관적으로 쓰는 말 (관용어)

◯ ◯ 가 멀다. ➜ 기대하는 것이나 비교하는 것과 다르다.

땡! 네 대답은 정답과 ◯ ◯ 가 멀어.

여러 가지 뜻을 가진 낱말 (다의어)

할머니의 주름살에는
세월의 무게가 담겨 있다.　　• 　　• 물건의 무거운 정도

　　　　　　　　　　　　　• 중요한 정도

　　　　　　　　　　　　　• 마음으로 느끼는 감정이나 책임감의 정도

알맞은 문장 부호를 넣어 보세요. (문법-문장 부호)

"현수야, 리본을 4센티미터 길이로 잘라 줄래(　　)"

➜ ....

오늘 한자

중(中) : 가운데를 뜻하고 **중**이라고 읽어요.　| 中 |　|　|

정답

1주

15p **어떤 말이 들어가야 할까요?**

복잡, 오래, 끊임없, 넉넉

16p **한 문장 독해**

1. 길이 너무 복잡해서   2. 서울
3. 쌀을 보내 주신다.

17p **두 문장 독해**

1. 시골   2. 다리   3. 헤매게 된다.

18p **세 문장 독해**

1. 시골 외할아버지 댁   2. 좁은 흙길
3. 편의점과 마트

22p **글자만 같은 서로 다른 낱말 (동형어)**

3, 1, 2

23p **피동 표현과 사동 표현을 사용하여 문장을 완성해 보세요. (문법-피동과 사동)**

할머니 댁의 쥐가 고양이에게 잡혔어요.
마당의 빨랫줄이 바람에 흔들렸어요.
아빠가 할아버지 댁 돌담을 높였어요.
사람들이 시골길을 넓혔어요.

25p **한 문단 독해 1 (우화, 동화)**

1. ①   2. ③
3. • 시골: 산, 밭, 논, 맑은 공기
  • 도시: 높은 건물, 자동차, 트럭,
    오염된 공기

27p **한 문단 독해 2 (지식글)**

1. ②   2. ④   3.

30p **낱말에 똑같이 들어 있는 글자에 동그라미 하세요.**

(토)

30p **낱말에 숨어 있는 같은 한자에 동그라미 하세요.**

(土)

31p **흙 토(土)가 숨어 있는 낱말에 동그라미 하고 써 보세요. (5개)**

토(지)   토(양)   토(대)   토(요일)   토(종)

확인 학습   32p ~ 33p

농, 이, 오래, 흔들흔들, 서울, 서울, 우물, 우물

마당의 빨랫줄이 바람에 흔들렸어요.

土, 土

정답